ORAISON FUNÈBRE

DU

T. R. P. CAPTIER

FONDATEUR ET PRIEUR DE L'ÉCOLE ALBERT-LE-GRAND

ET DES

DOUZE AUTRES MARTYRS D'ARCUEIL

MASSACRÉS A LA BARRIÈRE D'ITALIE EN HAINE DE LA RELIGION

Le 25 Mai 1871

Prononcée dans l'Église paroissiale d'Arcueil, le lundi 3 juillet 1871

PAR LE

R. P. ADOLPHE PERRAUD

Prêtre de l'Oratoire, professeur d'Histoire ecclésiastique à la Sorbonne.

PARIS

LIBRAIRIE ADRIEN LE CLERE ET Cⁱᵉ,

IMPRIMEURS DE N. S. P. LE PAPE ET DE L'ARCHEVÊCHÉ DE PARIS

RUE CASSETTE, 29.

1871

Pour se conformer aux constitutions apostoliques, l'auteur, en donnant aux victimes massacrées en mai 1871 le nom de *martyrs*, déclare n'avoir entendu préjuger en rien la décision officielle de l'Église, et se soumettre d'esprit et de cœur au décret du pape Urbain VIII sur cette matière.

*Videntes autem discipuli, indignati sunt,
dicentes : Ut quid perditio hæc ?*

A cette vue, les disciples s'indignèrent et
dirent : A quoi bon cette perte ?

(S. Matth. xxvi, 8.)

Monseigneur (1), Mes frères,

Vous savez comment les apôtres accueillirent
l'action à jamais mémorable de cette femme qui,
dans un élan de pénitence et d'amour, brisa aux
pieds de Notre-Seigneur Jésus-Christ un vase précieux, rempli d'un parfum plus précieux encore.
Incapables d'admirer, parce qu'ils n'avaient pas
compris, ils s'indignèrent, et demandèrent avec
amertume : A quoi bon une telle perte ? *Videntes
discipuli, indignati sunt, dicentes : Ut quid perditio hæc?*

Certes, si elle était de grande valeur l'huile que

---

(1) S. G. Mgr Maret, évêque de Sura, doyen de la faculté de
théologie, qui a présidé à la cérémonie du service funèbre cé-
lébré par M. Durand, curé d'Arcueil, et a donné l'absoute so-
lennelle.

Madeleine avait répandue sur la tête et sur les pieds du Sauveur, que dirons-nous de ces vies si chères, odieusement immolées sans profit apparent pour personne?

Les apôtres avaient eu tort de murmurer contre Madeleine. Mais, en présence de ces cadavres sanglants, vases brisés d'où se sont échappées les âmes de nos pieuses victimes, en nous laissant seulement le parfum de leur vie et le parfum plus précieux encore de leur mort, qui se scandalisera de notre douleur si nous demandons presque avec indignation à Dieu et aux hommes : Pourquoi une telle perte? *Ut quid perditio hæc?*

C'est seulement quand la première explosion de cette douleur est apaisée, quand les larmes, après avoir obscurci le regard, l'ont purifié, que ce sentiment de stupeur et d'indignation peut faire place à des pensées plus calmes, à de plus doux sentiments.

En se demandant la raison de cet impitoyable et incompréhensible mystère, on se rappelle que dans toutes les voies de Dieu il y a un mélange ineffable de justice et de miséricorde, de rigueur et de bonté (1).

Dans une lumière supérieure à celle de la raison, par-dessus ces débris mutilés, on ose regarder les derniers nuages du parfum qui remonte au ciel; et lorsque cette même question : Pour-

______

(1) *Universæ viæ Domini misericordia et veritas.* (Ps. XXIV, 10)

quoi cette perte ? *Ut quid perditio hæc?* revient sur les lèvres, elle a pris un nouveau sens. Elle n'est plus l'accusation amère lancée par la révolte contre les desseins inexorables d'un Dieu qui nous frappe en se cachant ; elle devient l'humble et filiale question adressée par l'âme ignorante à Celui qui peut seul résoudre ses doutes, calmer ses appréhensions, justifier ses espérances.

Ainsi interrogé par la foi qui cherche à comprendre, *fides quærens intellectum* (1), le Père céleste répond ; et ce dialogue, qui a commencé de notre côté par une protestation émue, voisine du désespoir, s'achève dans une prière confiante, prélude apaisé d'une souveraine action de grâces.

Chères et glorieuses victimes ! vous à qui la voix populaire, non pas celle qui rugit les blasphèmes déicides et les homicides clameurs de Satan, mais celle qui est un écho de la voix de Dieu, *vox populi, vox Dei,* décerne déjà le titre de martyrs ; vous à qui nous n'avons pas été trouvés dignes d'être associés dans l'épreuve suprême où ont brillé d'un si vif éclat votre foi, votre constance et votre charité ; vous qui, après avoir combattu le bon et terrible combat, avez, je l'espère, conquis le repos de la bienheureuse éternité, aidez-moi à expliquer à mes auditeurs le sens de votre sacrifice ! que votre vie et que votre mort soient pour eux et pour

____

(1) S. Anselme.

moi une prédication efficace de l'Évangile de Jésus-Christ!

J'essaierai donc de vous dire ce que nous avons perdu, ce que l'Église, ce que la France ont perdu avec nous par la mort si prématurée du T. R. Père Captier, du tiers-ordre enseignant de Saint-Dominique, fondateur et prieur de l'école Albert-le-Grand, à Arcueil; du R. P. Bourard, religieux du grand ordre, aumônier de cette même école, et des onze compagnons de leur supplice (1).

Puis, en votre nom et au mien, je chercherai à savoir quel peut être le sens d'une telle épreuve, et pour quelles raisons le Dieu juste et bon peut l'avoir permise.

Homme venant parler à des cœurs d'hommes, au nom de toutes les affections naturelles ou sur-naturelles qui nous unissaient à ceux que nous avons perdus, je commencerai par gémir avec vous.

Mais me souvenant que je suis prêtre et que vous êtes chrétiens, j'essaierai de vous dire ce que

---

(1) Les RR. PP. Delhorme, régent des études; Cotrault, procureur; Chatagneret, professeur, tous trois religieux profès du tiers-ordre enseignant de Saint-Dominique; MM. Voland, Gauquelin et Petit, maîtres auxiliaires; Aimé Gros, Marce, Cheminal, Dintroz et Cathala, serviteurs de l'école Albert-le-Grand. Pour tous les détails de l'arrestation, de la captivité et du supplice de ces treize victimes, je ne puis que renvoyer à la lettre publiée par M. l'abbé Grancolas, professeur à Arcueil, qui a failli périr avec les Pères; et à la notice publiée sous ce titre : *Les Martyrs d'Arcueil*. Cette notice est simple et pathétique comme les *Acta Martyrum* de la primitive Eglise.

cette sanglante épreuve elle-même renferme pour nous d'enseignements, d'espérances et de consolations.

I

Loin de nous, mes frères, ce prétendu idéal de perfection qui, sous prétexte que le chrétien a des espérances immortelles, et que cette terre n'est pour lui qu'un lieu de passage, se désintéresse de tout ce qui nous émeut, nous enthousiasme ou nous brise ; fait bon marché des épreuves de la vie présente ; se console sans mérite de douleurs qui ne l'atteignent pas, et vient nous parler d'un œil sec de cette terrible séparation par la mort qui fait parmi nous couler tant de larmes, brise tant de cœurs, et jette sur tant d'existences un voile funèbre.

Il y a longtemps que le grand Apôtre nous a mis en garde contre les sages qui font profession d'être sans entrailles et sans pitié, *immites, sine misericordia ;* et le mysticisme qui, pour glorifier Dieu, mutile l'homme en pétrifiant son cœur, n'est qu'une inintelligente perversion de l'Évangile.

Ce n'est point ainsi que l'avait entendu le tendre et profond moyen âge dans le culte de reconnaissance et d'amour voué par lui à cette larme précieuse, à la fois divine et humaine, que le Sauveur avait daigné répandre devant la tombe de son ami Lazare. *Et lacrymatus est Jesus.* (JOAN. XI, 35.)

Ce n'est point ainsi que l'avait compris ce vaillant champion de l'ascétisme monastique, demeuré en même temps si compatissant et si humain, notre grand S. Bernard. La mort venait de lui enlever un des compagnons de sa vie pénitente, Gérard, deux fois son frère, et par le sang et par la profession des mêmes vœux religieux. Le saint abbé de Clairvaux avait présidé lui-même la cérémonie des funérailles, et, au prix d'un effort prodigieux, réussi à contenir le flot de ses larmes. Le soir venu, il avait, comme à l'ordinaire, réuni les moines autour de lui et continué à leur expliquer un des livres de la sainte Écriture. Soudain, cette douleur qu'il avait vainement essayé de comprimer fait explosion ; il ferme le livre, interrompt son commentaire, et, dans une des plus magnifiques improvisations que connaisse l'histoire de l'éloquence humaine, il s'écrie :

« A quoi sert de dissimuler plus longtemps le feu intérieur dont je suis dévoré ? Oui, j'ai essayé de comprimer ma douleur ; mais je n'en puis plus, j'étouffe, je suis vaincu ! il faut que je l'exhale tout entière. *Fateor, victus sum.*

« O mes frères, vous savez si cette douleur est juste ! Vous savez quel compagnon fidèle, quel frère j'ai perdu ! mon frère par le sang, mon frère plus encore par la religion ! O séparation très-amère ! *amarissima separatio !* Divorce horrible qui est bien l'œuvre propre de la mort !...

O maintenant, mes larmes, coulez! échappez-vous comme des torrents! *Exite, exite lacrymæ... Erumpant fontes aquarum* (1). »

Pieuse famille de S. Dominique, n'est-ce point un cri semblable qui s'est échappé, comme malgré vous, du plus intime de vos cœurs, quand vous avez appris la mort si cruelle du P. Captier, et de ses douze compagnons immolés en un jour de lugubre mémoire par les séides du socialisme athée?

Ah! c'est bien vous d'abord, mes Pères, puis ces chers enfants de l'école Albert-le-Grand et tant de familles chrétiennes, et cette population d'Ar-cueil, si sincèrement attachée au P. Captier, et dont l'attitude au milieu de cet affreux drame de la guerre civile a été si patriotique et si chré-tienne, c'est bien vous qui êtes autorisés à vous plaindre et à demander : Pourquoi avons-nous fait une semblable perte ? *Ut quid perditio hæc?*

Je veux m'associer de toute mon âme à cette plainte, et la justifier devant cet auditoire, en retraçant à grands traits la vie si féconde du bien-aimé prieur de l'école Albert-le-Grand.

Moi aussi, j'ai ma part de ce deuil de famille,

---

(1) S. Bern. Serm. 26 *in Cant. Cant.* Voir dans les *Confessions* de S. Augustin, au livre où il parle de la mort de Ste Monique, la peinture d'un même combat intérieur, suivi d'une même dé-faite, une de ces défaites glorieuses qui attestent que dans les saints la sensibilité naturelle n'est pas éteinte, mais transfigurée. *(Confess.* l. IX, c. xii.)

et je vous remercie, mes Pères, de m'avoir chargé
en ce jour d'en être l'interprète dans cette as-
semblée. Je ne saurais oublier qu'il y a six ans, au
lendemain du jour où le choix de deux évêques
m'appelait à cette chaire de Sorbonne qu'occupait
avant moi un autre fils spirituel du P. Lacordaire,
l'abbé Henri Perreyve, ravi à notre amitié fra-
ternelle par une mort si prématurée, le P. Captier
avait été un des premiers à me féliciter de l'héri-
tage à la fois douloureux et glorieux que je venais
de recueillir. Hélas ! faut-il donc ici-bas ne connaître et n'aimer les belles âmes que pour les
entrevoir un instant, et ne les plus posséder que
dans un regret tempéré par l'espérance de les retrouver un jour ?

Né à Tarare en octobre 1829, François-Eugène
Captier fut d'abord, par sa naissance et son
baptême, fils de cette antique Église de Lyon sur
laquelle, dès les commencements du christianisme dans les Gaules, brille le double éclat de la
science et du martyre, avec les noms illustres
de S. Irénée et de son maître S. Pothin. Dans
l'ordre des choses humaines, il appartenait à une
honorable famille de bourgeoisie. Son père, après
avoir exercé longtemps la charge de notaire et de
juge de paix, est mort il y a peu de mois seulement. Grave, ferme, juste, vrai type du magistrat
chrétien, M. Captier père avait eu le courage de

donner à Dieu ses deux fils. Il a déjà retrouvé celui que nous pleurons; l'autre, l'aîné, devenu membre de l'illustre et modeste compagnie de Saint-Sulpice, aujourd'hui directeur au grand séminaire de Lyon, demeure le seul héritier d'un nom sur lequel désormais, au prix d'une grande douleur, brillera l'auréole du martyre.

La première éducation d'Eugène Captier se fit au sein de la famille. A la manière dont il a parlé plus tard de ce berceau providentiel de l'enfance et la jeunesse, de ce que peuvent, pour marquer une âme de l'empreinte indélébile des vertus naturelles et chrétiennes, les sollicitudes à la fois tendres et fortes d'une mère et d'une sœur, on devine ce que furent pour lui les deux femmes auxquelles il donnait ces doux noms; on voit quelle part leur revient dans le travail qui préparait de loin à l'Église et à la société le citoyen, le religieux, l'éducateur, et pour aller jusqu'au bout, la victime appelée à sceller de son sang l'œuvre d'une vie toute de dévouement et d'honneur. Envoyé pour ses études classiques au collége libre d'Oullins, alors dirigé par M. l'abbé Dauphin (1), le jeune Captier ne reçut pas seulement dans cette maison le bienfait d'une éducation à la fois très-virile et très-religieuse; il y trouva encore le secret de la vocation qui devait plus tard décider de toute sa vie.

(1) Aujourd'hui chanoine de Saint-Denis.

Il comprit par sa propre expérience ce qu'était pour la formation de l'homme un collége chrétien, et de quelle importance il serait, en un temps troublé comme le nôtre, de multiplier en France le nombre des établissements où la jeunesse apprendrait à concilier, avec l'amour de la patrie et le culte intelligent des lettres et des sciences, une inviolable fidélité aux principes de l'antique foi.

Dès lors, et certes une telle éducation fait un singulier honneur aux maîtres vénérés qui surent former un tel disciple, toutes ces grandes choses données à la fois par la nature et par la grâce, l'amour de la patrie et de l'Église, de la religion et de la liberté, de la tradition et du progrès, tout cela, sous la double action de la prière et du travail, fermenta dans cette âme à travers le cours de ses études classiques : tout cela, fécondé par une de ces grâces de choix qui sont la récompense des âmes désintéressées et fidèles, préparait une de ces vocations où il est impossible de méconnaître le doigt de Dieu.

Pour répondre à tous ces instincts, à toutes ces aspirations intérieures, il ne suffisait pas en effet que François-Eugène Captier pût un jour se consacrer à l'éducation de la jeunesse ; ni simplement qu'il devînt prêtre, et que ses lèvres et ses mains fussent consacrées pour annoncer l'Évangile et pour opérer les divins mystères ; ni enfin qu'il allât chercher dans une règle religieuse le secret

de cette force contenue qui se répare à mesure
qu'elle se dépense, et se multiplie dans la propor-
tion même où elle se donne. Il lui fallait tout cela
à la fois.

Dieu, l'auteur des vocations, n'envoie aux âmes
dont il veut faire ses instruments que des désirs
secondés par sa grâce (1). Il donna un jour tout
cela à la fois à notre jeune homme de vingt ans,
en l'appelant à être un des premiers compagnons
du P. Lacordaire dans la fondation du tiers-
ordre enseignant de Saint-Dominique.

Cette fondation, vous le savez, ce fut la dernière
inspiration du P. Lacordaire, le couronnement de
toute sa vie, l'œuvre dans laquelle il alla chercher
un refuge aux heures de l'épreuve, et comme l'o-
reiller sur lequel le soldat de Dieu, appuyant sa
tête fatiguée de combats et de gloire, attendit, en
faisant le bien jusqu'à la dernière heure, le repos
de l'éternité (2).

Oui, en vérité, tout était réuni là pour répondre
pleinement aux aspirations d'Eugène Captier : le
ministère de l'éducation et de l'enseignement, le
sacerdoce, la vie religieuse, l'ombre d'une auguste

(1) *Fidelis est qui vocavit vos, qui etiam faciet* (I Thess. v, 24).
(2) Pour plus de développements, je renvoie au beau livre du
P. Chocarne, aujourd'hui provincial de la province dominicaine
de Paris. Les amis du P. Lacordaire ne sauraient être trop recon-
naissants au P. Chocarne d'avoir si bien fait connaître l'âme profondément sacerdotale et les vertus monastiques de celui que
tant de personnes jugeaient seulement par le dehors, et qu'on
rapetissait singulièrement en ne voyant en lui qu'un orateur à
succès.

tradition se projetant sur une fondation nouvelle, et cette fondation n'ayant d'autre but que de préparer à la France des générations capables de porter le fardeau des obligations, des épreuves et des luttes particulières à ce siècle en s'appuyant toujours sur la foi de tous les siècles.

Et tout cela, ce n'étaient pas seulement les vagues aspirations et les rêves sans consistance d'une imagination de vingt ans : tout cela était réalisé, vivant, dans cette personne du P. Lacordaire, de ce moine austère et attrayant, de cet homme à la fois si antique et si moderne pour lequel l'admiration ira croissant, à mesure que les années nous éloigneront de lui, comme il arrive pour ces montagnes dont on ne peut apprécier qu'à distance la prodigieuse élévation !

Quel honneur et quel bonheur ce fut pour le jeune Captier de pouvoir entrer un des quatre premiers dans le noviciat du tiers-ordre ; et, ce noviciat achevé, d'aller faire l'apprentissage de l'enseignement et de l'éducation dans la maison même où il avait passé l'heureux temps de ses études classiques. En 1853, M. l'abbé Dauphin et ses collaborateurs avaient cédé le collége d'Oullins au tiers-ordre enseignant. Le Fr. Raphaël Captier (tel était le nom de religion qu'il avait pris en faisant ses vœux) y fut envoyé, et de 1853 à 1856 il y exerça, successivement ou simultanément, à peu près tous les emplois, depuis celui de surveillant jusqu'à celui de professeur de philosophie.

En 1856, il fut appelé à Sorèze pour y être ordonné prêtre, et le P. Lacordaire lui confia en même temps la charge importante de censeur des études dans le collége, et la charge plus importante de maître des novices de la naissante communauté.

Si je consulte les sentiments intimes du P. Captier, je ne doute pas que son désir n'eût été de rester toujours auprès du P. Lacordaire, et d'être jusqu'à la dernière heure, auprès de lui, ce disciple intelligent et dévoué qui eût aidé le restaurateur de la famille dominicaine en France à porter le poids de ses nombreuses sollicitudes.

Mais les intérêts de l'œuvre allaient rappeler le P. Captier au berceau même de sa vocation. Dans l'automne de 1857, il fut mis, en qualité de prieur, à la tête du collége d'Oullins, placé, avant même son agrégation au tiers-ordre, sous le patronage de Saint-Thomas d'Aquin. Il y resta six ans, et ne s'en absenta qu'une seule fois, en novembre 1861, pour aller porter au grand athlète mourant le tribut de sa filiale reconnaissance et recueillir, dans une bénédiction suprême, cet esprit dont il devait être l'héritier fidèle, l'intrépide et courageux gardien.

En 1863, le tiers-ordre, décidé à avoir un collége libre aux portes de Paris, vint l'installer ici même, dans l'ancien château de Berthollet à Arcueil, et le P. Captier dut quitter définitivement cette fois sa chère maison d'Oullins, pour venir affronter tous les hasards, et supporter toutes les fatigues d'une entreprise dont les débuts furent hérissés des plus sérieuses difficultés.

Si le régime qui persécuta alors avec tant d'in-intelligence et d'âpreté la fondation nouvelle n'était pas tombé sous le poids des revers qu'il a infligés à la France, nous lui aurions demandé un compte sévère de ses mesures tour à tour hypocrites et brutales. Mais je me souviens de la modération avec laquelle le P. Captier lui-même en parlait, et je n'ai pas plus de goût que lui pour appliquer aux victimes des révolutions la maxime toute païenne du *Væ victis*.

D'ailleurs, nous ne sommes pas assez ignorants de la conduite de la Providence dans les œuvres qui procèdent d'une inspiration chrétienne pour ne pas comprendre le sens de ces persécutions. Elles sont tout simplement le signe de la croix qui prédestine ces œuvres à la fécondité et à la vie. *In hoc signo vinces.*

Oui, si nous avions une foi plus robuste, il nous arriverait plus souvent, au milieu des luttes et des contradictions d'ici-bas, de remercier nos adversaires et nos persécuteurs de l'immense service qu'ils nous rendent.

Disons même qu'au point de vue purement humain la pitoyable persécution suscitée aux fondateurs du collége d'Arcueil tourna bien vite au profit du nouvel établissement.

On avait cru remporter une victoire décisive

sur le P. Captier et sur ses compagnons en leur interdisant pendant près de deux années de porter l'habit de leur ordre. Cette mesquine tracasserie contribua plus que toutes les circulaires à faire connaître et estimer la maison d'Arcueil. Elle devint par cela même plus chère à tous les amis de la liberté de l'Église, et la notoriété acquise par ce moyen au collége naissant étant secondée par l'habile administration du jeune prieur, on vit d'année en année augmenter le nombre des élèves. Ils étaient près de trois cents, l'été dernier, quand la guerre vint à éclater.

C'est donc ici, mes frères, que le P. Captier, formé successivement à Oullins et à Sorèze, d'abord comme élève et comme maître, à la vie du collége chrétien, puis à Oullins encore pendant six ans comme directeur, a passé les huit dernières années de cette vie si courte et si pleine. *Consummatus in brevi, explevit tempora multa.* (Sap. IV, 13.)

C'est ici que l'éducateur s'est révélé dans toute la richesse de ses facultés, grandissant chaque jour avec l'expérience et le travail.

C'est ici qu'au nom de son œuvre particulière, et au nom des intérêts généraux de la liberté religieuse, il a pris part aux luttes contemporaines.

C'est ici enfin que sous ce labeur dévorant d'activité extérieure, mise au service d'autrui avec une générosité qui ne calcula jamais avec la fatigue, et dont la mesure, pour rappeler un beau mot de S. Bernard, fut de se donner sans mesure, c'est ici qu'il poursuivit ce travail intérieur de la sanctification religieuse, et ce merveilleux renouvellement de l'âme où réside le secret de l'éternelle jeunesse et de l'éternelle fécondité des saints. *Qui intus est, renovatur de die in diem.* (II Cor. IV, 16.)

Jusqu'à présent, je n'ai tracé que l'esquisse extérieure de la vie du P. Captier. Il faut maintenant dans ce cadre mettre son âme, son âme vivante, sa pensée, son cœur, ses sentiments, ce qu'il était pour les hommes, ce qu'il était pour Dieu ; travail considérable destiné, malgré tout, à demeurer toujours incomplet : car, si connues que nous puissent être les âmes, il y a toujours en elles un sanctuaire plus intime dont Dieu seul a la clef, et où il n'est donné qu'à son esprit de pénétrer, à son œil de voir, à sa science infinie de juger. *Homo videt ea quæ parent : Dominus autem intuetur cor.* (I Reg. XVI, 7.)

Déjà cependant, et sans aller jusqu'à ces dernières profondeurs où « le Père qui voit dans le secret (1) » peut seul descendre, que de beaux traits vous pourrez admirer dans la physionomie intellectuelle et morale du P. Captier, et comme une fois de plus nous serons justifiés de demander par quel douloureux mystère un tel homme nous a été si tôt ravi ! *Ut quid perditio hæc?*

---

(1) *Pater, qui videt in abscondito.* (MATTH. VI, 14.)

Des idées aussi justes qu'élevées sur le ministère de l'éducation ; l'intelligence très-nette de ce que les besoins particuliers de notre temps avaient droit d'attendre de ce ministère; les sollicitudes les plus cordiales unies à une grande fermeté de direction ; le respect le plus sincère et le plus tendre amour de cette jeunesse à laquelle il avait consacré sa vie; la poursuite constante de l'idéal, mais sans utopie ; et le mélange le plus heureux d'esprit positif et d'enthousiasme : j'espère ne pas me tromper, en résumant par ces traits les souvenirs que le P. Captier nous laisse comme éducateur de la jeunesse.

Ce qui me frappe d'abord en lui, et ce que je voudrais mettre en relief, c'est l'idée qu'il s'était faite du rôle de la famille dans cette œuvre de l'éducation, à laquelle malheureusement si peu de parents ont songé à se préparer d'une manière sérieuse quand Dieu leur envoie des enfants.

Un écueil auquel n'échappent pas toujours ceux qui s'occupent de l'éducation publique, c'est de ne pas se rendre un compte exact des droits imprescriptibles de la famille et de ne faire à ces droits qu'une place très-insuffisante. Depuis ces constitutions célèbres de la Grèce qui déniaient absolument aux parents, pour le transférer exclusivement à l'État, le droit d'élever leurs enfants, jusqu'à ces modernes instituteurs de la jeunesse imbus, à leur insu, des préjugés de ce socialisme pratique, trop souvent ceux qui se dévouent au ministère de l'éducation publique oublient que leur mission n'est nullement de supplanter la famille, mais seulement de la suppléer ou de la compléter.

On relègue alors à l'arrière-plan, comme un rouage inutile, ou même nuisible, l'action des pères et des mères. On travaille sans eux; on habitue les enfants à se passer d'eux, et par là on s'expose au risque presque inévitable de faire une œuvre factice, sans profondeur, sans vie réelle; parce que, après tout, si le collége est l'auxiliaire souvent indispensable, presque toujours utile de la famille, ce n'est cependant qu'un auxiliaire. L'enfant même qui y demeure le plus de temps, n'y passe pas plus de huit ou dix années de sa vie. Or, quand l'œuvre du collége est finie, il n'est pas bon que le jeune homme se soit habitué à vivre complétement en dehors de l'action de sa famille. On voit assez les inconvénients qui peuvent en résulter pour ces années dangereuses où il n'appartient qu'à la famille de guider l'étudiant à travers les écueils nombreux de nos grandes écoles.

Sur ce point capital, le P. Captier avait les idées les plus justes. C'était un des principes fondamentaux de son système d'éducation que l'école n'est qu'une extension de la famille; qu'il y faut faire régner l'esprit de famille, et qu'enfin le travail et le dévouement des éducateurs professionnels ne dispensent nullement la famille de la part inaliénable qui lui revient dans l'œuvre de l'éducation.

« Nous prêtres, disait le P. Captier en 1860 (1), revêtus d'un caractère sacré, nous respectons l'inviolable mission de la famille. Nous lui avons été donnés pour la soutenir par la foi et par les sacrements, pour la relever de ses faiblesses, pour lui rappeler son origine divine et ses devoirs sacrés. Nous sommes ses aides légitimes, et c'est à ce titre que nous acceptons le pénible ministère de l'enseignement.

« L'école pour nous n'est qu'une continuation ou une extension de la famille. Nous y recevons l'enfant pour nous dévouer à lui en l'aimant, pour l'élever et le grandir, faire de lui un homme et le rendre alors à qui nous l'a confié. L'école ainsi conçue doit avoir comme la famille un intérieur doux, gracieux et égayé, un intérieur où la loi du travail et de l'obéissance soit adoucie par les plus douces affections, par les fêtes les plus épanouies. Il faut à l'école un nom, des souvenirs, des sympathies, un honneur domestique, qui relient tous les membres en un même corps solidaire. »

Et la première fois qu'il prenait la parole devant les parents auxquels il devait le premier recrutement du collége d'Arcueil, c'était pour insister

---

(1) *De l'École libre*. Disc. du 8 août 1860.

de nouveau sur cette déclaration de principes, et dire avec plus d'autorité encore qu'en 1860 :

« Soyez assurés de ma respectueuse admiration pour l'action bienfaisante de la famille. Loin de la combattre, je l'étudie religieusement afin de l'imiter. Quatorze années passées dans les travaux de l'éducation m'ont surtout appris que, pour faire du bien à l'enfance, il faut avoir devant les yeux ce tout divin modèle. La vie de collège sans esprit de famille est une vie contre nature, une vie douloureuse et funeste, qu'il serait coupable d'imposer à un seul enfant. Un homme qui veut diriger des enfants doit sonder sa conscience, voir non-seulement s'il a la science, l'activité, le dévouement, mais encore s'il porte en son cœur le feu sacré d'une vraie et pure tendresse. Aussi ne parlé-je point du collège comme d'un remplaçant de la famille ; le collège doit en être le serviteur, l'associé et l'ami (1). »

Cette grave question des rapports entre le collège et la famille lui tenait tant à cœur qu'en 1869 il y revint encore, et consacra à l'*esprit de famille* tout le discours prononcé à la distribution des prix du 6 août.

Si le P. Captier comprenait et respectait mieux que personne les droits de la famille dans l'œuvre de l'éducation, on peut dire qu'il en revêtait tous les sentiments et toutes les sollicitudes à l'égard

______

(1) *Le Collège chrétien devant la Société moderne*, p. 8. 1864.

des enfants confiés à ses soins. C'est du reste une des plus touchantes et des plus divines manifestations de l'esprit nouveau apporté dans le monde par le christianisme, que ce sentiment de la paternité des âmes, toujours vivant dans la mystérieuse fécondité du sacerdoce, depuis le jour où, des entrailles émues de l'apôtre S. Paul, s'échappa ce cri d'une tendresse inconnue au vieux monde, et fidèlement transmis depuis de génération en génération : « Mes petits enfants, que j'enfante de nouveau jusqu'à ce que le Christ soit formé en vous : *Filioli, quos iterum parturio donec formetur Christus in vobis.* » (Galat. iv, 19.)

Aussi, écoutez avec quelle affection inspirée par la foi le P. Captier parle de cette jeunesse ! Pour lui ce ne sont pas seulement des élèves, ce sont des enfants, *ses enfants,* et plus que cela encore pour ce maître, pour ce père en qui semble revivre la tendresse du Sauveur Jésus à l'égard de ces petits qu'il aimait à bénir : ces enfants, ce sont de *petits envoyés du bon Dieu,* expression naïve qui revient plusieurs fois dans ses discours et où se révèle toute son âme (1). En effet, c'était de Dieu lui-même, par la famille, qu'il estimait

---

(1) *De l'Ecole libre,* p. 11. 1860. *Le Collége chrétien,* p. 5. 1864. Disc. de 1867, p. 15. « Je suis, disait le P. Lacordaire, attendant pendant l'automne de 1854 la rentrée du collége de Sorèze, je suis comme un père de famille qui a embelli la demeure de ses enfants et qui attend avec impatience l'heure de les en faire jouir. (Cité par le P. Chocarne dans sa *Vie du P. Lacordaire,* p. 589 de la 1re édition.)

tenir ces petits êtres, si grands aux yeux de l'homme qui pense à l'avenir, plus grands encore aux yeux du chrétien qui règle ses idées par les principes de la foi.

Aussi, avec quelle tendresse de cœur, avec quelle délicatesse de piété il les aime! Nous citons souvent l'exemple du père d'Origène, baisant avec respect la poitrine de son enfant endormi dans son berceau, et vénérant dans ce petit cœur d'enfant le sanctuaire vivant du Saint-Esprit. N'est-ce pas le même sentiment qui parle par la bouche du P. Captier (1)?

« Le prêtre qui s'essaie à sa mission d'enseigner se tourne naturellement vers les aimables petits auditeurs dont les anges voient la face de Dieu dans le ciel. L'enfance, revêtue des dons de Dieu comme d'une parure immaculée, est à ses yeux l'espérance du monde, la consolation des maux présents, l'objet de la plus tendre complaisance de l'Église. Aussi rien ne me touche comme de me sentir appelé à passer ma vie parmi les enfants, rien ne me paraît beau comme de leur apprendre qu'ils ont au-dessus de la famille, au-dessus de la patrie, une mère surnaturelle, l'Église, qui les a enfantés dans la douleur et qui bientôt s'appuiera sur leur amour. »

Mais cette tendresse surnaturelle pour les enfants est une tendresse virile, exempte de ces

____

(1) *Le Collége chrétien*, p. 19. 1864.

faiblesses qui, trop souvent hélas! au sein de la famille naturelle, compromettent avec l'autorité des éducateurs l'œuvre de l'éducation, et par de molles complaisances pour des défauts qu'on n'a pas eu le courage de combattre, préparent tant de déboires à l'enfant trop justement appelé *enfant gâté*.

L'esprit de famille au sein du collége chrétien n'excluera donc nullement l'action d'une discipline vigilante, ferme, même austère (1). Au lieu d'amollir l'enfant par ces gâteries malsaines qui provoquent l'éclosion et les progrès lamentables de l'égoïsme et de la sensualité, on l'habituera de bonne heure à une vie laborieuse, contenue, sobre, réglée.

Mais ici se présentent deux écueils.

Le premier consiste à appliquer cette discipline avec une si inexorable symétrie et quelque chose de si impersonnel que le collége ne soit qu'un pastiche de la caserne (2).

« Les hommes ne se conduisent point de cette manière, et jamais nous ne nous résignerions à cette gymnastique douloureuse où tout serait contrainte et violence. Les hommes se groupent en familles; ils ne s'alignent point comme des chiffres; l'ordre parmi eux n'est pas un simple rapprochement, mais bien un accord des volontés

---

(1) *De l'Ecole libre*, p. 15. *De l'Esprit de famille*, pp. 35 et 36.
(2) *De l'Ecole libre*, pp. 15 et 16.

qui se plient librement sous une autorité aimée et respectée. »

Le second écueil à éviter dans cette discipline, c'est de l'établir tellement méticuleuse, prévoyante, universelle, détaillée, de la composer de tant de milliers de petits rouages, qu'à aucun instant, pour ainsi dire, pendant les huit ans de sa présence au collége, l'enfant n'ait à faire acte de conscience personnelle, et que l'accomplissement de ses devoirs lui soit toujours, non-seulement indiqué, mais imposé par l'obligation matérielle de ne pouvoir pas s'y soustraire.

Avec un tel système, on peut former des automates irréprochables; mais fait-on des hommes? A ces conditions, on obtient des résultats relatifs et négatifs dont on pourrait s'applaudir, si toute la vie de l'écolier devait se renfermer dans le collége, mais qui l'exposent à des épreuves redoutables, lorsqu'à dix-huit ans il devra passer tout d'un coup, sans transition, de ce régime de compression perpétuelle à la nécessaire et périlleuse liberté de la vie d'étudiant.

Le P. Captier avait compris ce danger, et tout autre à ses yeux devait être la discipline à maintenir dans le collége chrétien.

« La surveillance peut empêcher le mal, mais elle est impuissante à produire le bien. Il y a même un péril sous cette règle minutieuse et omniprésente ; les natures faibles y pourraient perdre leur originalité, pendant que des caractères plus fiers,

mordant le frein, se formeraient à une indépen-
dante plus dangereuse que celle que nous avons
la prétention de corriger (1). »

La vraie discipline est donc celle qui, en préve-
nant par de sages précautions la naissance du mal,
se préoccupe en même temps d'initier les jeunes
gens au bon et viril usage de leur liberté. Car
enfin, encore un coup, ce ne sont pas des ma-
chines dont on pourra toujours faire mouvoir les
rouages avec ordre et méthode; ce sont des êtres
personnels et responsables, qu'il faut préparer de
loin à la redoutable et inévitable épreuve de la
liberté.

« L'exercice de la liberté, disait éloquemment le
P. Captier dans son discours de 1868, c'est si
grand, si beau, si fécond! La liberté est une si
sainte chose qu'elle commande un grand respect
à quiconque en parle ! Elle est ce qui nous perd,
mais elle est aussi ce qui nous sauve, elle est le
trait distinctif de notre race, elle est ce qu'il importe

---

(1) Dans ces paroles si sensées, le P. Captier s'est-il souvenu
de ces vers de Térence :

> Malo coactus qui suum officium facit
> Dùm id rescitum iri credit, tantisper cavet;
> Si sperat fore clam, rursum ad ingenium redit.
> Quem beneficio adjungas, ille ex animo facit.
> Studet par referre, præsens absens idem erit.
> Hoc patrium est, potius consuefacere filium
> Sua sponte recte facere, quam alieno metu.
> Hoc pater ac dominus interest; hoc qui nequit,
> Fateatur nescire imperare liberis.
>
> (Ter. *Adelph.* Act. I, Sc. 1.)

surtout d'éclairer, de sauvegarder et de rendre
fort dans le jeune être qui va devenir un homme.
Donc, j'ai raison de le dire, il y a pour l'enfant
que nous élevons un véritable exercice de la
liberté. Cet enfant ne doit pas être plié sous une
aveugle contrainte, il doit au contraire apprendre
à délibérer sa vie, il doit être exercé à discerner
et à choisir entre le bien et le mal, entre un bien
plus élevé et un autre de moindre valeur (1). »

De là, dans cette discipline du collége chrétien,
cette place faite au sentiment de l'honneur, sub-
stitué, pour la direction morale des plus dignes
parmi les plus grands, à la crainte des punitions ;
de là, à l'instar de ce qu'il avait vu pratiquer à
Sorèze, sous les yeux du P. Lacordaire, et en
harmonie avec une idée déjà exprimée par
l'homme qu'on peut bien appeler l'éducateur le
plus consommé de ce siècle, Mgr l'évêque d'Or-
léans, l'établissement de cet *Institut* ou section
d'honneur, dans laquelle l'action des surveillants
est d'autant moindre que devient plus grand et
plus sérieux le contrôle exercé par les membres
de l'Institut sur eux-mêmes.

Où réside d'ailleurs la véritable force d'un
système disciplinaire ? Beaucoup moins dans les
règles qui le composent que dans l'autorité morale de ceux qui l'appliquent. Après tout, la discipline extérieure et matérielle n'est qu'un méca-

(1) Disc. de 1868, p. 11.

nisme. L'âme de ce mécanisme, c'est le maître, c'est l'éducateur lui-même. Le jour où vous introduiriez dans certains colléges le respect pour ceux qui sont chargés d'appliquer la discipline, et où ce respect aurait pour fondement solide leur valeur morale, vous auriez, sans avoir touché à aucun détail du règlement, opéré dans ces maisons la plus radicale et la plus salutaire des révolutions. C'est qu'en effet les enfants ont bien plus qu'on ne croit le sentiment, ou, si on le veut, l'instinct de la beauté morale. Ils peuvent se courber sous une règle de fer : ils ne se soumettent d'esprit et de cœur à l'autorité que si cette autorité s'impose d'elle-même par ce je ne sais quoi dont il est malaisé de donner une définition, mais que connaissent bien tous ceux qui ont affaire aux hommes pour leur commander. C'est ce qu'on appelle *le prestige,* ce prestige dont le P. Captier disait avec tant de raison qu'il n'est durable que *s'il est le fait d'une vertu élevée* (1).

Oui vraiment, répétons-le, avec cet éducateur si expérimenté, l'enfant a *surtout besoin de sentir la supériorité morale : le terre à terre est mauvais pour lui* (2).

Le *terre à terre,* messieurs, ce n'était pas ce que la jeunesse avait à redouter sous la direction de ce religieux, si plein des exemples, des traditions et de l'esprit du P. Lacordaire!

(1) Discours de 1860, p. 18.
(2) Discours de 1864, p. 10.

Un mot du reste aurait suffi à vous montrer la haute idée que se faisait le P. Captier de l'œuvre de l'éducation et des qualités qu'elle exige de l'éducateur. Ce mot, qui pourrait le redire et l'entendre sans une profonde émotion, quand on pense au commentaire dont il a été suivi ?

Familles chrétiennes qui aviez confié au P. Captier ces enfants, trésor sacré de votre tendresse ; enfants qui, sous la direction d'un tel maître, appreniez à devenir des hommes de foi et de bons citoyens, sachez à quel prix ce maître estimait son ministère, et le cas qu'il faisait de la mission dont il s'était chargé par amour pour Dieu et pour vos âmes.

« Il faudrait avoir vécu plusieurs vies, disait le P. Captier il y a onze ans, IL FAUDRAIT AVOIR PASSÉ PAR LE MARTYRE POUR DEVENIR UN MAITRE PARFAIT. »

Ces paroles, depuis le 25 mai 1871, il me semble les lire, écrites de son sang, au frontispice de cette maison, où il avait mis toute son âme ! Ces paroles, j'en suis sûr, demeureront sacrées, comme le testament d'un martyr, dans les traditions du tiers-ordre enseignant.

Quant à vous, jeunes gens, jusqu'ici le P. Captier avait été votre maître par les exemples de sa vie, et quel maître, vous ne l'oublierez jamais ! mais, par les enseignements de sa mort, il est de-

_____
(1) Discours de 1860, p. 19.

venu et il restera pour vous un maître plus parfait. Ce cri de foi et d'amour qu'il a jeté en rece-
vant la première atteinte des balles meurtrières :
Souffrons pour le bon Dieu, vous en ferez votre
devise, et dans toutes les circonstances difficiles
de la vie vous direz : Travaillons, combattons,
souffrons pour le bon Dieu! Toujours inspirés
par cette noble et sainte mémoire, grandissant,
comme s'il était encore avec vous, sous les
yeux des dignes héritiers de ses pensées et de
son cœur, vous serez vous-mêmes les témoins
vivants de la vérité de cette parole. Pour répondre au dévouement de celui qui ambition-
nait de passer par le martyre afin de devenir un
maître parfait, au nom du douloureux martyre
qu'il a réellement consommé, vous à votre tour,
vous jurerez de devenir des hommes, des citoyens, des chrétiens parfaits; et vous tiendrez
votre serment!

Je suis resté trop longtemps peut-être dans l'en-
ceinte de ces colléges d'Oullins, de Sorèze, d'Arcueil. Je ne le regrette pas. C'est dans ce cadre, en
apparence si étroit et si modeste, qu'il convenait
surtout de remettre, pour l'étudier, la vie du
P. Captier. Puis, en le laissant parler lui-même devant vous du ministère de l'éducation, j'ai, ce me

semble, mieux fait connaître cette belle âme que par les plus magnifiques éloges.

Je dois cependant indiquer, ne fût-ce qu'en passant, la part prise par le P. Captier aux luttes extérieures et publiques relatives à la liberté de l'enseignement. Là encore, il se retrouvait à la fois l'émule, le continuateur de son maître bien-aimé. Le P. Lacordaire n'avait-il pas attaché son nom au souvenir de cette petite école qu'il avait fondée en 1831, avec son ami Charles de Montalembert, quand ces deux hardis jeunes gens s'étaient lancés les premiers dans la bataille, et avaient arboré le drapeau autour duquel depuis devaient se rallier tant d'illustres chrétiens?

De 1831 à 1870, cette liberté, dont on peut dire, comme de beaucoup d'autres, qu'elle ne se donne pas, mais qu'elle se prend, avait été presque entièrement conquise par les efforts persévérants et disciplinés du parti catholique. Un point demeurait cependant encore soumis au régime du monopole, c'était le haut enseignement. En 1868, une société composée des hommes les plus compétents sur cette question se constituait pour revendiquer cette dernière liberté, et ne plus laisser subsister aucun des griefs légitimes des pères de famille. Le P. Captier avait sa place marquée d'avance, dans la *Société générale d'éducation et d'enseignement,* à côté des champions les plus connus et les plus éprouvés de la cause catholique. Circonstance à la fois bien douloureuse et bien honorable pour cette société, Messieurs, elle aura compté deux de ses membres parmi les victimes immolées en mai 1871, au nom profané de la liberté : le P. Captier, et ce regretté P. Olivaint de la compagnie de Jésus, autrefois l'honneur de notre vieille École normale et de l'Université (1), le P. Olivaint, par qui tant de jeunes chrétiens ont été formés dans le collége libre de Vaugirard, et dont le plus bel éloge demeure dans les larmes si sincères de ses anciens disciples restés ses enfants, ainsi que dans le deuil profond de tant d'âmes auxquelles il apprenait, par ses exemples encore plus que par sa parole, à gravir vaillamment les âpres sentiers de la perfection chrétienne.

Deux ans après, les exigences de l'opinion publique obligeaient enfin le gouvernement à compter avec les justes susceptibilités des familles soucieuses de procurer à leurs enfants le bienfait de la haute éducation, sans les exposer à des périls trop évidents. Une commission était formée sous la présidence de l'illustre homme d'État que les événements avaient écarté depuis vingt-deux ans de la vie publique, de cet admirable vieillard dont les révolutions et les années avaient accrû l'expé-

---

(1) J'espère que nos camarades d'École tiendront à honneur de garder avec soin dans nos archives de famille le nom de ce saint religieux, comme ils ont gardé ceux du P. Pitard, de la compagnie de Jésus, du P. Hernsheim, un des premiers compagnons du P. Lacordaire, et de bien d'autres qui sont entrés dans le clergé séculier ou régulier après avoir brillé dans les concours de l'École et de l'Agrégation.

rience, sans rien enlever ni à la fraîcheur de son esprit ni à l'imposante dignité de son caractère. Ce fut l'initiative de M. Guizot lui-même qui nous fit désigner, le P. Captier et moi, pour siéger, en compagnie de tant d'hommes considérables, au sein de cette commission.

C'est là que le P. Captier trouva l'occasion naturelle de faire connaître ses vues sur l'éducation en général, et la manière dont il entendait en particulier la liberté de l'enseignement supérieur (1).

Je me rappelle avec bonheur ces discussions si consciencieuses dans lesquelles, venus des points les plus divers de l'horizon de la pensée, des hommes de bonne volonté cherchaient à s'éclairer et à se convaincre, se combattant souvent avec une souveraine énergie, mais toujours avec ce respect sincère des opinions d'autrui, qui est la première condition de toute polémique sérieuse et profitable.

Je suis assuré de n'être démenti par aucun de nos éminents collègues d'alors, si j'affirme que le P. Captier avait, dès les premiers jours, conquis au plus haut degré l'estime et la sympathie de tous.

(1) Les travaux de cette Commission n'ont pas toujours été jugés au dehors avec une équitable appréciation des difficultés de toute sorte au milieu desquelles il fallait rédiger un projet de loi. Il est facile de décréter la perfection absolue quand on légifère dans un article de revue ou de journal. Ce n'est pas toujours aussi aisé quand il faut descendre sur le terrain de la pratique et préparer un projet qui ait quelque chance d'être discuté sérieusement dans ces assemblées politiques où se trouvent de si grandes divergences de convictions.

Au sein de cette commission réunie pour faire une loi de liberté, son habit, à lui tout seul, était une liberté, pour rappeler un mot du P. Lacordaire qu'il aimait à citer.

Dans les graves discussions où nous étions nécessairement engagés, sa polémique fut toujours marquée au cachet de la simplicité, de la distinction et d'une charité qu'on sentait venir du cœur. Et si nous devons rendre cet hommage à ceux des membres de la commission qui paraissaient les plus étrangers à notre *Credo*, qu'ils surent toujours, avec un soin délicat, éviter toute parole blessante, toute allusion inopportune, eux, de leur côté, auraient pu dire avec quelle parfaite convenance, avec quelle élévation dans les sentiments, quelle courtoisie dans le langage, le P. Captier savait discuter et combattre les idées de ses adversaires.

C'est pendant ces trois mois que j'eus le bonheur d'approcher le P. Captier de plus près, de pénétrer plus avant dans son intimité, de faire plus complétement connaissance avec toutes ses qualités d'esprit et de cœur. Il nous apparaissait dès lors comme un des hommes que la Providence avait le mieux préparés à soutenir, à défendre, à honorer parmi nous le drapeau de l'enseignement libre et chrétien.

Il en eût été ainsi assurément, si Dieu n'avait eu sur lui des vues plus hautes, en le prédestinant à la mort des martyrs.

Jusqu'au dernier instant, le P. Captier ne cessa de

répondre avec la plus admirable fidélité à sa triple vocation de prêtre, de religieux et d'éducateur.

Prêtre, et animé de cette charité qui ne brille jamais d'un plus vif éclat que dans les calamités publiques, il avait, dès les commencements de nos désastres, transformé en ambulance le collége d'Arcueil et mis sa personne, avec celles de ses frères, au service des blessés.

Educateur, il avait dès le mois de mars rappelé autour de lui ses élèves, ou, pour parler selon son cœur, ses enfants, et on allait recommencer le cours régulier des études lorsqu'éclata l'ignoble révolution qui devait nous infliger tant de hontes et faire couler tant de sang.

Religieux, il avait employé les rares loisirs de cet hiver à écrire pour le tiers-ordre de Saint-Dominique une sorte de directoire où il exposait les points principaux de la règle, et s'attachait à en faire ressortir l'importance. Ces pages inachevées resteront dans la famille religieuse du tiers-ordre enseignant comme un souvenir vivant de tout ce que le P. Captier avait de sollicitudes pour le progrès spirituel de ses frères et le sien propre. Elles montreront combien cette âme était jalouse de cette perfection intime qui est la vie véritable des œuvres extérieures, et la part principale que Dieu se réserve dans l'existence de ceux qui se sont consacrés à lui (1).

____

(1) Ces pages sur la vie religieuse ont heureusement échappé

Puisque je suis amené à parler ici de la vie religieuse, il m'est impossible de ne pas dire au moins
quelques mots, au nom d'une amitié de dix-sept
ans, de ce Père du grand ordre qui remplissait
à Arcueil les fonctions d'aumônier, et qui a trouvé
la mort le 25 mai à côté du P. Captier dans la
même scène de massacre et d'horreur.

Oui, je tiens à nommer ici, avec un sentiment
tout particulier de respectueuse sympathie, le
P. Bourard, un des premiers compagnons du
P. Lacordaire, une des premières pierres de la
restauration de l'ordre de Saint-Dominique en
France. Et je ferai hardiment à son sujet cette
question, qui vous donnera la juste mesure de la
perte qu'a faite en sa personne le collége d'Arcueil : « Qui a connu le P. Bourard, et ne l'a pas
aimé ? »

Pour moi, si jamais quelqu'un m'a donné l'idée
de ce que nos cloîtres du moyen âge renfermaient
de simplicité, de fraternité chrétienne, de spiri-
tuelle et franche gaieté, fleurs délicieuses croissant
spontanément dans le sol profondément labouré
des plus austères vertus monastiques, sorte de
manteau charmant jeté sur les âpres pratiques de
la pénitence, c'est bien cet avocat de Paris qui,
en 1841, passa les monts pour aller faire avec
le P. Lacordaire son noviciat de dominicain à la

à l'indigne pillage auquel les fédérés se sont livrés le 19 mai après
avoir envahi le collége d'Arcueil.

Quercia, et qui, tout rempli de l'esprit théologique de son ordre, plus thomiste, si je l'osais dire, que ne l'eût été S. Thomas vivant au xixe siècle, nous semblait parfois un contemporain de S. Louis égaré dans notre société moderne.

Cher P. Bourard ! quels délicieux moments j'ai passés avec vous à Rome, dans l'hiver de 1857, en compagnie d'Henri Perreyve, notre guide au milieu de ces ruines qu'il connaissait si bien, qu'il aimait si passionnément, qu'il commentait avec une éloquence si émue ! Tantôt vous nous receviez dans votre petite cellule de la Minerve, tantôt avec vous, nous visitions sur le mont Aventin ce couvent si pittoresque de Sainte-Sabine, ce jardin en terrasse du haut duquel nous apercevions la coupole de Saint-Pierre, et cet oranger légendaire de S. Dominique dont le tronc, vieux de six siècles, avait produit dans l'année même où le P. Lacordaire rétablissait votre ordre en France, un nouveau et vigoureux rejeton.

D'autres parleront avec plus de compétence que moi des efforts faits par le P. Bourard pour perpétuer et rajeunir la tradition de l'enseignement thomiste au sein de la famille dominicaine. Si j'invoquais les souvenirs des fidèles évangélisés souvent par le Père dans les paroisses de la Madeleine et de Saint-Roch, ils diraient combien ils étaient captivés par cette parole simple, vivante, pratique, souvent familière et originale, toujours fécondée par la méditation de l'Écriture et des saints docteurs (1). J'ai su combien cette prédication, qui ne visait en rien aux prétentions de la grande éloquence, était appréciée par un des hommes assurément les meilleurs juges en pareille matière. Vous avez nommé avec moi, et avec moi salué en passant, ce noble et énergique vieillard, cet orateur encore si plein de flamme et d'élan, ce prêtre en qui l'amour de Jésus-Christ et des âmes avait fait une jeunesse que les années n'avaient pas su glacer, ce modèle des curés que sa paroisse pleurera longtemps, et dont elle se souviendra toujours, un de ceux qui tiennent une des places les plus considérables dans le sanglant martyrologe de l'Église de Paris en 1871, M. Deguerry. Oui, M. Deguerry, cet orateur consommé, cet apôtre qui savait si bien quel genre de parole convient aux âmes pour les instruire et pour les édifier, aimait à confier au P. Bourard la chaire de son Église, assuré d'avance que ses paroissiens y viendraient toujours trouver un enseignement solide et de profitables leçons.

O Dieu, mes frères, à mesure que j'avance

(1) Les plus anciens de mes confrères de l'Oratoire garderont toujours avec moi le souvenir de la retraite que le P. Bourard vint nous prêcher au mois d'octobre 1854. Il y développa avec un à-propos plein de délicatesse les magnifiques enseignements du cardinal de Bérulle et du P. de Condren sur le sacerdoce et sur l'esprit propre de l'Oratoire.

dans ce discours et que je regarde de plus près les mérites de nos victimes, les services immenses qu'elles avaient rendus à la religion, ceux quelles lui promettaient encore, je ne puis m'empêcher de répéter cette plainte : *Ut quid perditio hæc?*

Pourquoi ces hommes apostoliques nous ont-ils été enlevés ? Pourquoi les avons nous perdus ?

Et tandis que je formule cette plainte au nom de l'Eglise, au nom de la société, devant les cadavres défigurés du P. Captier, du P. Bourard, des PP. Delhorme, Coterault, Chatagneret, d'autres cœurs la répètent au nom de sentiments que la religion respecte et consacre, puisque c'est elle qui, au nom de Dieu, bénit et fonde la famille. Ces maîtres laïques, MM. Voland, Gauquelin, Petit, ces serviteurs incarcérés avec les religieux d'Arcueil et frappés à côté d'eux dans la journée du 25 mai, ils avaient des mères, des sœurs, des femmes, des enfants ! A Dieu ne plaise que dans ce discours j'oublie le plus humble d'entre eux, et que je passe sans leur exprimer mes plus respectueuses condo-léances devant leurs familles en deuil ! Nous aussi, nous nous associons à cette douleur sacrée ! Ce n'est pas seulement des hommes publics marqués pour un rôle considérable dans l'Eglise et dans l'Etat qu'il est permis de se demander pourquoi ils ont été sitôt ravis. *Ut quid perditio hæc?* Mais la pauvre mère qui pleure dans un fils ses plus chères espérances, la veuve qu'une mort pré-maturée prive de son soutien le plus assuré, les petits enfants qui auront à peine connu le nom de leur père, ah! tous ceux-là peuvent bien gémir devant Dieu, en présence de Celui qui, dit l'Ecriture, voit descendre une à une, sur les joues humides de la veuve, les larmes de sa douleur (1), et qui prend en pitié plus que personne le délaissement des pauvres orphelins.

Mais après m'être associé du fond de mon âme à des douleurs si sacrées, après avoir pratiqué cette parole si compatissante de l'apôtre S. Paul, cette parole si visiblement inspirée par le Dieu de toute consolation : « Pleurer avec ceux qui pleurent, *flere cum flentibus* (2), » je ne dois pas oublier une autre partie essentielle de mon ministère.

Si le prêtre a reçu l'onction pour consoler et guérir les cœurs brisés, il a aussi reçu l'intelligence d'en haut pour la communiquer à ses frères. Il leur doit compte de sa foi pour relever et consoler la leur, et s'il partage volontiers leurs larmes dans les moments cruels de la vie, c'est pour avoir le droit de leur dire avec S. Paul : « Ne vous attristez pas comme ceux qui n'ont pas d'espérance : *Ut non contristemini sicut et ceteri qui spem non habent* (I Thess. IV, 12).

Oui, en présence de cette sanglante tragédie, devant ce massacre barbare, en face de ces cadavres sur lesquels s'est exercée, même après la

_____

(1) *Eccli.* XXXV, 18.
(2) *Rom.* XII, 15

mort, la rage des bourreaux, le cri instinctif de la nature est de se plaindre. *Ut quid perditio hæc ?*

A la foi maintenant de se recueillir et de percer ce mystère; à la grâce de répondre à ce gémissement de la nature; à la religion, et à ses immortelles espérances de nous expliquer le sens de tant de douloureux sacrifices.

II

« Le Christ est ma vie et la mort m'est un gain, » disait l'apôtre S. Paul, dans un de ces élans d'enthousiasme sacré qui permettent parfois à l'âme de se séparer absolument de toutes les choses créées et d'atteindre les divines réalités du monde de la foi : *Mihi vivere Christus est et mori lucrum* (Phil. i, 21).

« La mort m'est un gain ; » c'est la parole qu'il me semble recueillir sur les lèvres glacées de nos martyrs ! Et il me paraît impossible de ne le pas comprendre, si on examine leur mort à la lumière des enseignements du christianisme.

La voix auguste du souverain pontife l'a déclaré à propos de notre illustre archevêque, si mystérieusement associé aux souffrances et à la gloire de son prédécesseur, Mgr Affre, d'héroïque mémoire, ceux-là peuvent être appelés martyrs qui ont souffert l'emprisonnement et la mort en haine de Dieu, en haine de la religion, en haine de Jésus-Christ (1).

Tel a été le privilége de nos chers dominicains et de leurs compagnons. Oui, c'est vraiment en haine de l'idée religieuse qu'ils ont été arrêtés et massacrés; et, comme tous ont fait à Dieu et à Jésus-Christ l'hommage de leur vie, il faut dire avec un illustre évêque, appelant son peuple à rendre avec lui un solennel hommage à Mgr Darboy, que « tous se sont relevés avec la même palme dans la main, avec la même couronne sur le front (2). »

Cherchez d'ailleurs, mes frères, quel genre de mort aurait pu réunir à un plus haut degré les conditions les plus favorables pour paraître avec assurance devant le tribunal de Dieu.

Ces conditions, je les réduis à quatre principales : la foi, la pénitence, la charité, la soumission à la volonté divine.

La foi, est-il nécessaire de faire remarquer de quel éclat elle resplendit au milieu de cette terrible épreuve ? Cherchez donc dans ces hommes que l'on conduit à la mort la plus inopinée, la plus injuste, la plus cruelle, cherchez donc à saisir un instant de trouble, d'hésitation, de défaillance. Ils ont devant ce mystère effrayant de la mort cette sérénité imperturbable de la foi qu'a chantée leur

(1) Voir la *Semaine religieuse de Paris*, n° du 24 juin, p. 489.
(2) Mgr Pie, évêque de Poitiers. Lettre circulaire du 9 juin 1871.

grand docteur S. Thomas d'Aquin en face des ombres adorables de l'Eucharistie :

Ad firmandum cor sincerum
Sola fides sufficit.

. . . .

. . . .

Præstet fides supplementum
Sensuum defectui !

Au mérite de la foi se joint dans nos chères victimes celui de la pénitence, et de quelle pénitence ! Un saint docteur l'a dit, les âmes les plus religieuses, les cœurs les plus fervents, peuvent difficilement ne pas recevoir quelque souillure, au moins légère, de leur contact forcé avec la poussière de ce monde : *Necesse est de mundano pulvere etiam religiosa corda sordescere.* (S. GREG. M.)

Mais quoi de plus efficace pour faire disparaître cette poussière, et pour rendre à ces âmes toute la splendeur de l'innocence, surajoutée aux mérites laborieusement acquis d'une vie de luttes, que cette pénitence d'une mort si tragique et si héroïquement acceptée ? Arrestation injuste, captivité rigoureuse, privations inouïes, ignobles outrages, oui, en vérité, ils ont souffert mille morts avant le coup définitif qui les a immolés et délivrés.

Or, quels mérites dans chacune de ces souffrances de l'âme et du corps si vaillamment et si pieusement supportées, en union avec les souffrances de l'adorable victime ! Quelle source abondante d'expiations dans cette semaine de captivité qui a préparé nos amis à ce passage suprême ! Ajoutez à toutes ces dispositions déjà si rassurantes, l'inappréciable bienfait de la confession qu'ils ont pu faire, de l'absolution qu'ils ont reçue quelques instants seulement avant d'être assassinés, et dites-moi si on peut imaginer des conditions plus favorables pour franchir sans terreur le terrible passage, et pour se présenter avec une humble confiance devant le souverain juge ? Oui, en vérité, pour des âmes ainsi préparées, la mort est un gain, *mihi mori lucrum.*

Voici venir maintenant, pour couronner l'œuvre de la foi et de la pénitence, la reine des vertus, la charité, *major autem horum est caritas* (I Cor. xiii, 13) ; la charité, c'est-à-dire l'amour de Dieu par-dessus toute chose, et l'amour du prochain à cause de l'amour de Dieu ; et l'amour du prochain entendu dans le sens de l'Évangile, pratiqué avec les sentiments mêmes du cœur de Notre-Seigneur Jésus-Christ lorsqu'il disait : « Aimez vos ennemis ; faites du bien à ceux qui vous haïssent ; priez pour ceux qui vous persécutent et vous calomnient. » (S. Matth. v, 44.)

Pour moi, je ne doute pas que cette charité sublime à l'égard de leurs bourreaux n'ait été comme le dernier battement du cœur de nos martyrs. Ils ont haï l'iniquité au nom de laquelle ils étaient immolés ; ils ont détesté l'athéisme et les instincts sanguinaires dont ils devenaient la proie ; mais je suis sûr que, dans leurs âmes, il n'y avait pour les malheureux instruments de ces passions anti-religieuses et anti-sociales qu'une immense compassion.

Ajoutez enfin à tout cela cet acte d'abandon absolu à la volonté de Dieu, qui, suivant Bossuet, renferme dans sa simplicité tout ce qu'il y a de plus excellent dans les vertus chrétiennes ; cet acte, dit le grand docteur (1), qui « livre tout l'homme à Dieu, son âme, son corps, toutes ses pensées, tous ses sentiments, tous ses désirs, tous ses membres, toutes ses veines, et jusqu'à la moelle..... tout ce qui est au dedans et au dehors ; cet acte, en un mot, qui donne à Dieu tout le fond de l'homme, toute sa substance, tout son être. »

Mon Dieu ! mes frères, à quoi sommes-nous exposés, nous qui redoutons peut-être comme la plus terrible des calamités les angoisses d'une mort violente ? — D'abord, nous pouvons mourir à l'improviste, sans y avoir pensé, sans nous y être préparés ; nous pouvons mourir à la suite d'une de ces maladies qui, en jetant des ombres épaisses dans la région de l'intelligence, dérobent aux énergies de la volonté ses motifs les plus hauts et les plus méritoires. Et si nous n'avons pas pris d'avance la précaution si sage, si chrétienne, d'offrir à Dieu le sacrifice absolu de notre

____

(1) BOSSUET, Discours *sur l'acte d'abandon.*

vie, nous courons le risque de perdre l'inappréciable bienfait de cette entière soumission à la volonté de Dieu.

Pour eux, mis tout d'un coup en face de cette mort épouvantable, ils ont tout accepté. Un *fiat* suprême les a remis tout entiers entre les mains de Dieu, renfermant dans cet acte tout ce qu'il y a de plus courageux, de plus sublime dans la confiance filiale, dans l'abandon quand même aux mystérieuses dispensations de la Providence. Tous ils ont pu dire avec l'Apôtre : *Scio cui credidi*, Je sais à qui je me suis confié, et ajouter encore avec lui : « Je suis certain qu'il me gardera le dépôt que je lui remets. *Et certus sum quia potens est depositum meum servare in illum diem justus judex.* » (II Tim. I, 12.)

O filial abandon à la volonté de Dieu dans un moment où cette volonté s'exerce d'une manière si rigoureuse! Union admirable avec le Sauveur mourant en croix et remettant son âme entre les mains de son Père. *Pater! in manus tuas commendo spiritum meum !* (Luc. XXIII, 46). Acte d'abandon et de sacrifice, qui vient consommer et parfaire tous les actes de foi et de dévouement de la vie! Oui, en vérité, voilà le sceau mis à l'œuvre de la sanctification. Voilà le *consummatum est*.

Certes, il ne m'appartient pas de soulever le voile redoutable qui cache à nos yeux mortels l'économie des jugements de Dieu. Mais, instruit

par les principes de la foi, guidé par les lumières
que ce Dieu lui-même a daigné nous communiquer, j'ose dire et répéter que, subie dans de telles
conditions, cette mort, que nous pleurons justement comme une grande perte pour nous, doit
être estimée comme un gain pour eux, parce que
cette mort les a certainement mis en possession
de Jésus-Christ, la vie éternelle : *Mihi vivere
Christus est et mori lucrum !*

Montons plus haut encore, mes frères! Ce sont
nos martyrs eux-mêmes qui nous invitent à les
suivre jusqu'à ces sublimes pensées, *ad perfec-
tiora feramur.* (Heb. VI, 1.)

O Dieu ! vos voies ne sont pas nos voies, et vos
pensées ne sont pas nos pensées (1). Tout à l'heure
j'ai gémi, j'ai crié vers vous avec cette foule émue :
Ut quid perditio hæc? Avec elle je me suis plaint
de ce que nous avions perdu! Et maintenant,
oserai-je bien dire que la mort des pieuses victimes, qui est déjà un gain pour elles, est aussi
un gain pour nous ? oserai-je répéter, en nous
l'appliquant, la parole de S. Paul : *Et mori lucrum?*

Hé quoi! nous perdons des guides, des
amis, des soutiens, des frères, des compagnons

(1) ISAÏE, LV, 8.

d'armes ; et c'est au moment où, dans nos rangs, vient de se faire cette trouée sanglante que nous pourrions penser et dire que nous avons fait un gain ?

Saintes audaces de la foi, donnez-nous le courage, à moi de dire, à mes chers auditeurs d'entendre toute la vérité.

Oui, dans ce sacrifice terrible il y a un gain pour nous qui restons.

Que gagnons-nous donc à la mort de nos valeureux martyrs ?

Un grand exemple qu'ils nous laissent ;

Le prix de leur sang qu'ils nous appliquent ;

Le bienfait de leur intercession qui nous est assuré.

Oui, ô mes frères dans le sacerdoce, nos martyrs de 1871 nous laissent un grand exemple.

L'Écriture nous dit que Job et Tobie furent soumis à de terribles tribulations, afin qu'ils demeurassent pour la postérité un exemple de patience. *Ut posteris daretur exemplum patientiæ ejus sicut et sancti Job*. (TOB. I, 12.)

Depuis la fin du siècle dernier, le clergé de France, jouissant pour sa part des libertés publiques, n'avait plus subi l'épreuve des persécutions sanglantes. Prêtres et religieux s'étaient remis de concert au travail après les orages de la grande révolution, et les ouvriers apostoliques arrosaient de leurs sueurs les sillons laborieusement creusés dans le champ du père de famille. Mais, à part

l'héroïque martyre de Mgr Affre, il y avait longtemps que le sang des consacrés n'avait coulé sur
cette terre de France.

Or, on pouvait craindre que l'esprit de mol-
lesse, qui dissout autour de nous tant de caractères, n'eût pénétré dans le sanctuaire. On se de-
mandait avec inquiétude s'il n'avait pas fléchi la
vigueur de cet acier qui doit se retremper sans
cesse dans les eaux amères de la pénitence et du
sacrifice.

D'autre part, les hommes du siècle, amenés par
leur incrédulité à douter du caractère surnaturel
de notre mission, s'habituaient à nous regarder et
à nous traiter comme des fonctionnaires prêchant
la morale de l'Évangile au même titre que d'autres enseignent les lettres ou les sciences. Ils per-
daient de vue ce sommet âpre et ensanglanté du
Calvaire, où l'Église est sortie du flanc du divin
crucifié dans l'horreur d'un douloureux supplice. Grâce à nos frères immolés, le caractère
essentiel du sacerdoce est remis dans une lumière que n'obscurciront plus les sophismes des
préjugés et des passions. On ne nous prenait
même pas pour des apôtres, et voici que Dieu
nous fait l'immense honneur de donner des martyrs.

Et en même temps qu'ils rendent à l'Église de
Jésus-Christ le service immense de la faire connaître avec son vrai caractère, ces martyrs nous
servent de modèles. Eux se sont montrés dignes

de nos aïeux de 93 ; à nous maintenant de nous montrer dignes d'eux.

Oui, de ce drame sinistre qui a pour théâtre la Roquette, la barrière d'Italie et Belleville, s'élève pour se faire entendre de tous, et de nous particulièrement qui portons l'honneur du sacerdoce, la grande voix de l'exemple. En subissant cette mort affreuse, les victimes ont acquis le droit de nous répéter ces admirables parolesdusaint vieillard Eléazar : « Si je souffre généreusement et courageusement pour les lois les plus essentielles et les plus saintes, si je sais mourir pour elles, je laisserai à la jeunesse un exemple de force : *Adolescentibus exemplum forte relinquam, si prompto animo ac fortiter pro gravissimis ac sanctissimis legibus honesta morte perfungar.* (II Mach. vi, 28.)

L'exemple a donc été donné ; à nous de le recueillir, Messieurs, à nous tous, qui que nous soyons. Oui, au nom de ce qu'ont souffert nos frères, nos amis, nos chefs, dans cette lutte effroyable, soyons décidés à tout sacrifier au devoir, tout, et la vie, s'il le faut. *Pro gravissimis ac sanctissimis legibus honesta morte perfungar !*

Et, si Dieu nous demande pour être fidèles au devoir, non de mourir d'une mort terrible et cruelle, non de résister jusqu'au sang, *nondum usque ad sanguinem restitistis,* mais de faire quelque effort, de nous gêner, de nous contraindre, de nous imposer violence : oui, rappelons-nous les exemples de patience, de courage, de force, qui nous

ont été donnés, et repoussons loin de nous les lâ-
ches défaillances, *ut ne fatigemini animis vestris
deficientes.* (Hebr. xii, 3.)

L'exemple laissé après soi a une valeur morale
dont la sagesse humaine elle-même reconnaît et
proclame l'efficacité. Le sang versé pour une
noble cause a, dans les idées chrétiennes, une
efficacité plus décisive. Non, il n'est pas possible
que le sang de cet archevêque, de ces vingt-deux
prêtres, religieux, séminaristes, et le sang de tant
de bons citoyens, de tant de vaillants soldats, ait
été répandu en vain !

Rien ne se perd en ce monde. Il ne se forme pas
dans le calice de la plus petite fleur une seule
goutte de rosée qui n'ait son application et son
utilité.

Ce fleuve de sang ne peut pas avoir coulé simplement pour exciter l'horreur de tous ceux qui
lisent maintenant, et qui liront plus tard, le récit de
ces scènes d'enfer.

Ce sang a coulé ! Il a coulé sur les victimes,
pour les revêtir de la pourpre du martyre ; mais
il a coulé aussi pour nous, d'abord pour nous pu-
rifier, puis pour nous instruire.

Le Seigneur disait au meurtrier de l'innocent
Abel : « La voix du sang de ton frère crie vers moi,
Vox sanguinis fratris tui clamat ad me (1). »

O France ! c'est le sang des meilleurs de tes fils

_____

(1) *Gen.* iv, 10.

qui crie vers toi en cette heure. L'entendras-tu ?
Croiras-tu enfin qu'il n'est pas bon de mépriser
Dieu et de fouler aux pieds ses saintes lois ?
Croiras-tu que le péché ne profite pas à la prospé-
rité des peuples, et que tôt ou tard, quand la miséricorde n'est plus entendue, et que les hommes
oublient leurs devoirs, la justice souveraine sait
retrouver ses droits ?

L'éminent éducateur dont j'ai essayé de faire
revivre la physionomie devant vous, ne se faisait
point d'illusion sur les dangers suprêmes auxquels
s'exposait une société affolée d'indépendance et de
sensualisme.

Il gémissait d'avoir à constater jusqu'à quel
point la loi du respect était oubliée parmi nous, et
il disait avec autant de tristesse que de raison :
« L'oubli de cette loi est la grande plaie de notre
temps, plaie affreuse....... Le respect est comme
le ciment de l'édifice social ; là où il manque, tout
se disjoint et s'écroule. Aussi voyez ce que devient le monde politique, écoutez les grands cra-
quements qui font pressentir de grands malheurs..... (1) » On croirait entendre Fénelon
pressentant la dislocation de la société si bril-
lante qui avait jeté tant d'éclat sous Louis XIV,
et osant écrire en 1710 ces paroles à la fois si har-
dies et si justes : « La France est une vieille ma-

____

(1) Discours prononcé, en 1860, à la distribution des prix du
collége d'Oullins, p. 24.

chine délabrée, qui va encore de l'ancien branle qu'on lui a donné et qui achèvera de se briser au premier choc (1). »

Le P. Captier ne redoutait pas moins et ne stigmatisait pas avec une moindre douleur et une moindre indignation les progrès effrayants de la science matérialiste et athée, de cette science « qui, travestissant la matière en Dieu, contraint l'âme à n'être plus que chair et sang, et a la prétention de changer le rayon de lumière en une boue fétide (2). »

Un autre symptôme des grandes décadences nationales avait aussi attiré son attention vigilante et ému son patriotisme. Il voyait grandir l'orgueil, la présomption, cette fatale présomption qui devait en si peu de temps accumuler sur la France de si effroyables désastres ; et le 6 août 1869, juste un an avant la perte de notre première grande bataille, prélude de tant d'autres néfastes journées, il disait avec une sorte d'accent prophétique : « Là où l'empire de l'homme a remplacé l'empire de Dieu, jetez un drap mortuaire et écrivez : C'est ici le bas empire, c'est la ruine (3). »

Enfin, il ne s'était fait aucune illusion sur les conséquences logiques des doctrines répandues à profusion au sein des classes aborieuses, doc-

---

(1) FÉNELON, Œuvres complètes. *Mémoire sur les malheurs de la France.* 1710.

(2) Discours de 1858, p. 9.

(3) Discours de 1869, p. 21.

trincs qui déracinaient la foi pour planter l'a-
théisme, semant le vent et devant bientôt produire
les tempêtes :

« Les barbares ne sont pas à nos portes, ils sont
plus près encore ; ils sont dans nos cités mêmes,
et l'heure des justices de la Providence pourrait
se lever sur nous (1). »

Il avait dit vrai : les barbares étaient dans nos
cités, ourdissant silencieusement la plus formi-
dable des conspirations contre tout l'ordre politique, religieux et social.

Les barbares ! plus barbares que ces Huns, que
ces Vandales, que ces pirates du Nord, que ces
Sarrasins qui avaient ravagé notre vieille Gaule et
notre France du moyen âge ! Plus barbares que
ces peuples infidèles auxquels Dieu ne demandera
pas compte d'un baptême qu'ils n'ont pas reçu, ni
d'un *Credo* qui ne leur a point été enseigné !

Les barbares ! les vrais barbares sont venus,
faisant la guerre à Dieu et aux hommes, aux
hommes à cause de Dieu ! et aux choses elles-
mêmes, aux pierres, aux monuments, aux œuvres
de la pensée et à celles de l'art, à cause de Dieu
et des hommes !

Ils sont venus, foulant tout aux pieds, tout
droit, toute garantie, toute faiblesse, tout souvenir, toute reconnaissance !

Ils sont venus dans cette maison qui avait été

____

(1) Discours de 1867, p. 11.

l'asile où une charité vraiment évangélique avait accueilli sans distinction tous ceux qu'on ramassait sur les champs de bataille, s'enquérant seulement de leurs blessures et non du drapeau sous lequel ils avaient combattu.

Ils sont venus, les barbares de la dernière heure, d'autant plus acharnés à la perte de nos chers religieux qu'ils n'avaient à leur reprocher que des bienfaits.

On a raconté mieux que je ne le saurais faire les émouvants détails de cette passion (1). Le cœur me manque pour vous les répéter.

Un mot touchant et profond a été dit ici, dans ce village, par une âme de foi : « Quand ils sont passés devant notre porte, a dit une pauvre femme, et que j'ai vu marcher au milieu des fusils le P. Captier et tous ces messieurs qui nous faisaient tant de bien, j'ai pensé que c'était Jésus-Christ avec ses disciples, s'en allant à Jérusalem pour y être crucifié (2). »

---

(1) Voir la lettre de M. l'abbé Grancolas et la notice intitulée : *Les Martyrs d'Arcueil.* Je voudrais seulement rappeler ici les admirables paroles adressées par le P. Captier aux élèves du collège d'Arcueil, au moment où les fédérés envahissaient l'établissement. « Mes enfants, vous voyez ce qui se passe ; sans doute on « vous interrogera ; soyez francs et sincères comme si vous parliez « à vos parents. Rappelez-vous ce qu'ils vous ont recommandé en « vous confiant à nous, et, quoi qu'il arrive, souvenez-vous que « vous avez à devenir des hommes capables de vivre et de mourir « en Français et en chrétiens ! Adieu ! Que la bénédiction du Père, « du Fils et du Saint-Esprit descende sur vous et y demeure « toujours, toujours ! »

(2) *Les Martyrs d'Arcueil,* p. 12.

Moi aussi, mes frères, je veux entrer pour me consoler et pour vous consoler, dans cette bienheureuse simplicité de la foi.

Ils ont donc été traités comme le Fils de l'homme! Comme Jésus-Christ, ils ont été conspués, honnis, mis à mort!

C'est pour cela que nos cœurs ont gémi et ont jeté à la terre et au ciel ce cri plaintif : Pourquoi une telle perte? *Ut quid perditio hæc ?*

Puis, la grâce de Dieu nous a soulevés, et, en nous faisant monter plus haut, elle nous a découvert des horizons plus lumineux! Peut-être n'avons-nous pas cessé de pleurer; mais nos larmes sont devenues moins amères! Dans cette douce lumière de la foi, nous avons vu, nous avons compris!

C'est en vain que la rage impie des barbares s'est exercée sur nos frères bien-aimés! Ils sont maintenant dans la paix! *Visi sunt oculis insipientium mori ; illi autem sunt in pace* (Sap. III, 2). Oui, pour eux déjà la mort est vaincue et s'est changée en triomphe! O mort, où est ton aiguillon? ô mort, où est ta victoire? *O mors, ubi est stimulus tuus? o mors, ubi est victoria tua?* (I Cor. xv, 55.)

O bienheureux oui, bienheureux! — je le dis avec le Saint-Esprit, et je le sens, et je bénis Dieu de me le faire sentir, — bienheureux ceux qui ont lavé leurs robes dans le sang de l'Agneau!

Beati qui lavant stolas suas in sanguine Agni!
(Apoc. XXII, 14.)

Hélas! nous, à chaque instant, nous pouvons encore salir la robe des noces éternelles! Eux ne sont plus exposés à un tel malheur!

Ils ont passé par la grande tribulation : *Hi sunt qui venerunt de magna tribulatione* (Apoc. VII, 14). Mais le sang de l'Agneau, mêlé à leur propre sang, les a lavés, purifiés, transfigurés, et c'est pour toujours! *Beati qui lavant stolas suas in sanguine Agni.*

Et maintenant, ils sont là-haut, tenant dans leurs mains les palmes de leur victoire, *et palmæ in manibus eorum* (Apoc. VII, 9), et ils prient. Ils prient pour leur chère famille dominicaine, ils prient pour ces enfants qui étaient les leurs ; ils prient pour ces parents, pour ces amis, que leur mort a plongés dans le deuil ; ils prient pour l'Eglise, ils prient pour la France, et, au nom même de leur martyre, ils nous assurent à tous l'inestimable bienfait de leur intercession.

Dans les derniers moments de dure captivité qui précédèrent pour nos religieux et leurs compagnons l'heure du suprême combat et de la délivrance, comme l'horizon était en flammes du côté de Paris, un fédéré s'approcha du cachot où les victimes étaient renfermées. Il aperçut le P. Captier qui, avec sa sérénité accoutumée, récitait son bréviaire. « Oui, lui cria-t-il, avec une insultante ironie rappelant le *Descendat de cruce* des bourreaux du Calvaire, priez votre Dieu pour que les torpilles dont Paris est rempli ne fassent pas explosion. — Je le fais, » répondit paisiblement le P. Captier, et il continua à réciter les prières consacrées.

L'ironie sacrilége avait, à son insu, parlé le langage de la foi, et, à son insu également, provoqué un miracle de la foi. En effet, aucun des engins terribles, préparés par les malfaiteurs pour faire sauter Paris, ne fit explosion. L'humble prière des martyrs avait été entendue ; avant de mourir, ils avaient rendu au pays un dernier service, en éloignant de lui de nouveaux et incalculables malheurs.

O généreux martyrs ! vous n'êtes plus dans un cachot, et les ironies sacriléges des hommes ne peuvent plus vous atteindre. Mais nous, derrière les murailles de notre prison terrestre, environnés encore de tant d'ombres et de périls, nous venons vous supplier de prier Dieu pour nous.

Oui, au nom de l'Église et au nom de la patrie, au nom de votre foi et au nom de la nôtre, au nom de votre sang et au nom du sang de Jésus-Christ, nous vous en conjurons : priez Dieu pour qu'il désarme les complots des méchants ! Priez-le pour qu'il évente ces mines redoutables préparées dans les bas-fonds de la société par l'ignorance, l'athéisme et la corruption ! Priez-le pour que Paris, et la France, et le monde entier, en cherchant par-dessus tout le royaume de Dieu et sa justice, échappent à de nouvelles explosions!

Mes frères, entendez-les qui nous répondent : « Nous le faisons. »

PARIS. — IMP. ADRIEN LE CLERE, RUE CASSETTE 29.